SOPA DE LLIBRES

El paper utilitzat en aquesta edició compleix
els requisits mediambientals FSC, que garanteixen
un circuit sostenible en tota la cadena de producció.

© 2003, Dolors Garcia i Cornellà
© 2003, Bernadette Cuxart, per les il·lustracions
© 2003 d'aquesta edició: Editorial Barcanova, SA
Mallorca, 45, 4a planta. 08029 Barcelona
Telèfon 932 172 054. Fax 932 373 469
barcanova@barcanova.cat
www.barcanovainfantilijuvenil.cat

Setena edició: setembre de 2011
Segona impressió: març de 2014

Disseny: Manuel Estrada

ISBN: 978-84-489-1403-5
DL. B. 29567-2010

Imprès a Gràfiques 92, SA
Printed in Spain

Contes d'estar per casa

En la convocatòria de l'any 2003
aquesta obra va obtenir el segon premi.

SOPA DE LLIBRES

Dolors Garcia
i Cornellà

Contes d'estar
per casa

Il·lustracions
de Bernadette Cuxart

EL SENYOR BASTIDA I FONAMENTS

No sé si ho sabeu, però hi ha cases que parlen.

De les cases que parlen, igual que passa amb les persones, n'hi ha que xerren pels descosits a totes hores del dia o de la nit, de l'estiu o de l'hivern, i n'hi ha, en canvi, que només deixen anar quatre sospirs.

De les cases que xerren pels descosits, n'hi ha que expliquen històries màgiques plenes de fantasia, i n'hi ha que només parlen de coses tristes, de coses de por, de coses avorrides o de coses que no tenen ni cap ni peus.

De les cases que expliquen històries màgiques, n'hi ha que ho fan agafant cada peça de la casa per separat i així surten històries del rebedor, històries del menjador o històries de la cuina, i n'hi ha unes altres que, per separat, no en saben, i t'expliquen històries de tot l'edifici en general.

De les cases que t'expliquen històries de cada peça per separat, el senyor Bastida i Fonaments en va fer un llibre que es diu *Contes d'estar per casa*.

Però, abans d'escriure'l, van passar unes quantes coses.

El senyor Bastida i Fonaments era un bon home a qui, des de petit, li havien dit que les cases parlaven.

—Oi que els ocells parlen? —li deien—. Quan canten, es diuen coses. Els gats també parlen quan miolen. O, si no, fixa't com els miols són diferents segons si són els gatets que criden la mare, la mare que crida els gatets o un gat que crida una gata perquè la vol festejar. També parlen els gossos, els elefants, les papallones i els pins.

—Els pins, també? —preguntava el senyor Bastida i Fonaments, quan encara no aixecava un pam de terra.

—Sí, els pins també —li contestaven—. I la farigola, els geranis i els rosers de tots colors. I les cases.

—Les cases parlen? —demanava el senyor Bastida i Fonaments amb els ulls oberts de bat a bat.

—Que no has sentit mai, al cor de la nit, com murmuren les parets? Que no les has sentit queixant-se de la pluja al bell mig d'una tempesta? Que no has sentit com canten en un dia de vent? Que no les has sentit quan es lamenten que ja són velles?

Però el senyor Bastida i Fonaments no se'n creia ni mitja paraula. Més que res perquè, arran d'aquestes converses, es va passar molts anys de la seva vida parant l'orella a totes hores per tot casa seva, i mai no va sentir que aquelles quatre parets li diguessin res. Ni una petita confidència. Ni un trist lament. Ni un retret. Ni una paraula d'ànim. Ni una exclamació d'alegria. Res de res.

Sentia sorolls, això sí. Sentia el vent com es despenjava pel forat de la xemeneia, els escarabats de les golfes, els mobles que cruixien quan la fusta es clivellava, l'aigua quan baixava per les canonades. Sentia la pluja contra el batent de les finestres. Sentia els veïns si s'escridassaven. Sentia el plor d'un infant a través de les parets, massa primes, de la casa del costat.

Però històries, el que se'n diu històries amb un començament i un final i coses interessants pel mig, cap ni una.

Fins que un dia es va trobar amb un mestre d'escoltar cases.

De mestres d'escoltar cases, al món, només n'hi ha set o vuit. Costa molt parlar amb ells, perquè sempre són en una casa o altra, escoltant. I, com que el món és tan gran, buscar set o vuit persones i trobar-les és molt difícil. I, si tens la sort de trobar-ne un, quan t'hi acostes, et diu «sssssstttttt», que vol dir que has de callar per no destorbar-lo de la seva feina. Sempre et diuen «sssssstttttt», quan estan treballant. I tu has de callar, perquè, si no, s'enfaden molt.

Però el senyor Bastida i Fonaments en va trobar un que estava de vacances. Tot plegat va ser molt curt, però molt interessant. I va marcar per sempre més la seva vida. Veureu.

Era pels volts del Nadal d'un any especialment fred i rigorós. El nostre home, a qui no agradava gaire celebrar les festes nadalenques perquè ja no li quedava ningú de família, va agafar un tren i se'n va anar a un llogarret perdut del mig d'Escandinàvia, que és al nord d'Europa, i on normalment ja hi fa molt fred, encara que no sigui el desembre.

Va llogar una habitació en una pensió petita i acollidora, tota de fusta, que és com solen ser les pensions petites dels llogarrets del mig d'Escandinàvia.

A més del senyor Bastida i Fonaments, aquell any, per les festes de Nadal, a la pensió hi havia un matrimoni amb dos fills petits, dues senyores grans i un senyor tot sol, com ell.

El matrimoni amb els dos fills petits no parava gaire per la pensió. De bon matí, es llevaven, esmorzaven, s'abrigaven i sortien a trepitjar la neu. A l'hora de dinar i de sopar, tornaven amb les galtes vermelles, els ulls somrients i tots ells xops fins al moll de l'os.

Les dues senyores grans, en canvi, no es movien de la vora del foc. Feien ganxet, escoltaven la radio i fullejaven revistes amb moltes fotografies.

El senyor que estava tot sol gairebé no sortia de la seva habitació. La mestressa de la pensió va dir al senyor Bastida i Fonaments que era un home molt i molt treballador, que havia anat allà de vacances i que el que volia fer era sobretot dormir.

—I de què treballa? —va voler saber el senyor Bastida i Fonaments.

—Oh, té una feina molt especial! —va exclamar la mestressa, contenta de poder tenir un hoste tan important a la seva petita pensió—. És un mestre d'escoltar cases.

El senyor Batista i Fonaments va quedar bocabadat. Tant de temps que havia passat buscant-te un! I, quan els havia trobat, estaven en plena feina i, per tant, només li deien «sssssstttttt». Per fi n'hi havia un que estava de vacances!

—He de parlar amb ell! —va saltar de seguida el senyor Bastida i Fonaments.

—Ui, això serà molt difícil —va contestar la mestressa—. Tinc ordres estrictes que no se'l molesti. Fins i tot vol que li pugem el menjar a l'habitació. Es veu que la seva feina es molt cansada i que, quan està de vacances, està de vacances.

—Només serà un moment —insistia el senyor Bastida i Fonaments, que pensava que no podia deixar escapar l'oportunitat que feia tants anys que buscava—. Li diu que vull parlar amb ell només un moment.

—Jo ho intentaré, però no li asseguro res —va dir la mestressa al capdavall, amb la cara amoïnada.

Aquell dia, el senyor Bastida i Fonaments no va fer res de profit. Estava pendent tota l'estona de si la mestressa li deia que podia pujar a veure el mestre d'escoltar cases a la seva habitació. O bé si el mestre es dignaria a baixar un moment a parlar amb ell.

Però passaven les hores i el mestre d'escoltar cases no apareixia.

Al final, el senyor Bastida i Fonaments va anar a empaitar la mestressa.

—Què li sembla? Puc pujar? —li va preguntar fet un mar de nervis.

—Ui, de moment, no. Dorm —va contestar la dona.

—I més tard?

—No ho sé, no ho sé pas.

I se'n va anar a pelar patates i mongetes, perquè ja s'acostava l'hora del sopar.

El matrimoni i els dos fills petits van arribar, com cada vespre, fets un cromo. Duien la roba tota mullada, les galtes vermelles i els ulls brillants. Tenien una gana que no s'aguantaven.

Les dues senyores grans van començar a endreçar les agulles del ganxet, el fil i la labor que feien.

Les dues minyones de la pensió paraven les taules per al sopar.

Ja era fosc del tot i començava a nevar. Unes volves blanques, toves i silencioses queien suaument d'un cel fosc i llis.

A la saleta de la pensió, el foc de la llar cremava amb alegria.

Tot era pau i tranquil·litat en aquell racó del cor d'Escandinàvia. Excepte al cor del senyor Bastida i Fonaments, que no es podia controlar els nervis de cap de les maneres.

—Hi he de parlar! Hi he de parlar! —repetia i repetia.

Les dues minyones no entenien res. Les dues senyores grans se'l miraven un xic malament. I el matrimoni i els dos fills petits se'n reien una mica, d'aquell home que parlava tot sol i caminava sense parar per la saleta.

Va arribar l'hora de sopar i tothom va passar cap al menjador.

I allà, assegut tot sol en una taula, amb un posat molt solemne, hi havia el mestre d'escoltar cases, menjant un plat de sopa d'arròs i fideus.

El senyor Bastida i Fonaments s'hi va acostar sense pensar-s'ho dos cops.

—Bona nit, sóc...

—Ja ho sé —el va tallar el mestre.

I, tot i que no tenia gaires ganes de parlar, li va dir:

—Les cases s'han d'escoltar amb unes orelles molt i molt especials.

—I on les puc obtenir, aquestes orelles tan especials, mestre? —li va preguntar el senyor Bastida i Fonaments amb molta educació.

—Les dues posades —li va contestar aquell savi—. Només les has de saber fer servir.

—I com n'aprendré?

—Posant una mica de fantasia al soroll del vent, a les passes dels escarabats, a la fusta que es clivella i a l'aigua que passa per les canonades.

—Això és tot?

—Sí.

Després d'aquella breu conversa amb el mestre, el senyor Bastida i Fonaments va anar a comprar un sac ben bo de fantasia. I, com aquell qui tira sal a l'arròs, es va tirar un polsim de fantasia a cada orella durant vuit dies seguits. I, després, se'n va anar per tot el món a escoltar cases.

I tantes i tantes històries va sentir, que va escriure aquest llibre que us deia, *Contes d'estar per casa.* Com veureu, el senyor Bastida i Fonaments es va especialitzar en les cases que expliquen històries per separat, perquè, les que n'expliquen de tot en general no li agradaven tant. Deia que s'hi perdien massa detalls.

Contes d'estar per casa és un llibre molt i molt llarg. Hi ha més de mil històries sobre els rebedors, més de mil sobre les cuines, més de mil sobre els menjadors... Jo, avui, n'he triat només unes quantes. Si us agraden, un altre dia en triaré unes altres.

El senyor Bastida i Fonaments, que era un home molt rigorós, es va entretenir a apuntar, a més, on era la casa que li explicava les històries. I, quan li venia bé, que era gairebé sempre, hi posava un títol. Tot plegat li va sortir molt rodó. I la veritat és que el senyor Bastida i Fonaments n'està molt content, del seu llibre.

EL NEN DE FUSTA

El senyor Bastida i Fonaments va escoltar aquesta història en una casa abandonada als afores d'un petit poble de l'estat de Geòrgia, al sud-est dels Estats Units d'Amèrica.

La casa era gairebé una ruïna, quan el senyor Bastida i Fonaments va poder escoltar el relat tot just entrant al rebedor. Però els veïns d'aquell lloc li van explicar que, en els seus temps, feia molts anys, havia fet molta patxoca i era una de les més grans i luxoses de tot el país.

Per allà l'any 1850, hi havia, a molts pobles del sud dels Estats Units, cases grans on vivien senyors i senyores molt rics. I, perquè els fessin les feines de la casa i els treballessin les terres, aquests senyors i senyores rics tenien esclaus, la majoria dels quals eren negres.

Els esclaus eren agafats presoners en els seus països d'origen, normalment Àfrica. Llavors els embarcaven cap a Amèrica i allà els venien a qui en donava més.

Els esclaus no tenien res. Moltes vegades, ni permís per parlar, no tenien. Treballaven des que el sol sortia fins que s'amagava. Però no els pagaven pas ni una moneda, per tant treballar. A més, els seus amos els podien vendre a qui volguessin, com si fossin una taula, un gos o un quilo de patates.

I vet aquí que, en un poblet de l'estat americà de Geòrgia, hi vivia un petit esclau anomenat Addis Amba que, en la llengua del país africà d'on provenien els seus avantpassats, vol dir, més o menys, Nova Muntanya.

L'Addis Amba i la seva família vivien en una cabana petita, fosca i humida, situada al costat d'una mansió enorme, blanca com la llum del migdia i envoltada d'esplèndids jardins, propietat dels amos de l'Addis Amba.

El pare, la mare, l'avi i el germà gran de l'Addis Amba treballaven als camps de cotó del senyor de la mansió durant catorze o quinze hores cada dia. L'àvia s'estava a la cabana, rentant, cosint i cuinant. I la germana de l'Addis Amba era ajudanta de minyona de la casa gran.

Un vespre, tornant de treballar, la germana va anunciar a la seva família:

—La senyora vol que l'Addis Amba vagi a treballar a la casa.

Tots van quedar tan parats que no sabien pas què dir. L'Addis Amba tot just tenia set anys! Què podria fer, en aquella casa tan neta i polida, un vailet com l'Addis Amba, que sempre havia viscut entre quatre rampoines velles i mal endreçades i amb prou feines es vestia amb uns quants parracs malgirbats?

—El meu fill! —va somicar l'àvia, quan va poder reaccionar—. Però si només té set anys! I qui m'ajudarà a pelar patates,

ara? I qui m'omplirà el cossi d'aigua quan hagi de rentar? I qui m'anirà a buscar llenya per encendre foc, si l'Addis Amba se'n va a treballar a la casa gran?

Com podeu veure, l'àvia del noi patia perquè era massa petit, però també es queixava que hauria de fer la feina de la cabana tota sola. I per aquí no hi volia passar de cap de les maneres. L'estimava molt, l'àvia, però també tocava de peus a terra, les coses com siguin.

—I quan volen que comenci? —va preguntar el pare a la noia.

—Demà mateix.

—I què haurà de fer? —va voler saber la mare.

—No ho sé —va contestar la germana de l'Addis Amba.

Aquella nit, a la cabana, gairebé ningú no va poder dormir. Ni tan sols els que es passaven el dia als camps de cotó i arribaven baldats a casa. Només pensaven què faria el xicot en aquella casa tan plena de gent ben vestida, de coses bufones i delicades i de terres lluents com un mirall.

L'Addis Amba, per la seva banda, sempre havia pensat que, quan fos una mica més gran, treballaria als camps de cotó amb els pares, l'avi i el germà gran. No li venia gaire de gust anar a treballar a la casa gran. Però, si els amos així ho decidien, així havia de ser. No hi havia altre remei.

L'endemà, molt aviat, tan aviat que el sol encara no havia sortit, l'Addis Amba, vestit amb la millor roba que tenia, se'n va anar cap a la casa gran ben agafat de la mà de la seva germana.

—Has de fer tot el que et diguin —l'aconsellava la noia—. No preguntis res. No diguis res. No protestis per res. No toquis res. No miris res si no t'ho diuen. Tu fes el que et manin i prou.

L'Addis Amba tenia uns nervis que no s'hi veia.

Sempre l'havia impressionat aquella immensa casa blanca, amb columnes i balconades enormes, amb una escalinata que semblava que arrencava de l'infern per arribar al cel, de tan llarga que era.

Mai no hi havia posat els peus, però, pel que li havia dit la seva germana, a dins tot era nou, lluent i de colors bonics. I feia bona olor.

Però els dos nois no van pas pujar l'escalinata ni van entrar per la porta principal. Es van dirigir cap a un portal petit de la part de darrere. Un cop a dins, el noi va poder veure que res no era nou, ni lluent, ni de colors bonics. I, a més, feia una pudor de mil dimonis.

—Això és l'escorxador —li va aclarir la noia—. Aquí maten les gallines, els porcs i les vaques que es mengen.

Després de l'escorxador, venia el safareig. Després, el rebost i la carbonera. I, finalment, la cuina.

—Espera't aquí —li va dir la noia.

Allò ja es començava a assemblar a tot el que la seva germana li havia dit de la casa. Era la cuina, però, tot i així, era unes deu vegades més gran que la cabana on l'Addis Amba vivia amb tota la seva família. Hi havia munts de plats blancs, d'olles enormes i brillants, de coberts daurats i de taulells que no s'acabaven mai, plens a vessar de verdures, fruites, carns, ous, peix, formatge i de tot. Sis persones, entre homes i dones, es bellugaven per davant dels fogons i els taulells. Tots eren negres, com ell. Ningú no li va dir res. Amb prou feines el van mirar.

Al cap d'una estona, va tornar la seva germana amb una dona gran, vestida tota de negre. Tenia els cabells grisos i la seva pell era blanca, molt pàl·lida. Duia un manyoc de claus penjat de la cintura que dringaven sorollosament cada cop que la dona feia un pas. Era la majordoma.

—És aquest, el noi? —va preguntar amb una veu profundament antipàtica.

—Sí, senyora —va contestar la germana de l'Addis Amba.

—No ho sé, no ho sé... —dubtava la dona gran—. A veure, tomba't.

L'Addis Amba va donar una volta sobre si mateix, tremolant com una fulla. Aquella dona, tan blanca i amb uns ulls incisius com ganivets, el feia posar molt nerviós.

—És que és tan esquifit...

—L'engreixarem una mica, no pateixi pas per això —li deia la germana.

—I és tan baixet...

—Li posarem un bon floc de cotó a les sabates perquè sembli més alt, ja veurà —insistia la germana.

—No sé pas si és el que l'amo volia...

—Ho pot provar i, si no, cap a casa! —feia la germana, amb una resolució que esparverava el noi.

I és que l'Addis Amba no ho veia gens clar. En aquella casa, que sempre havia volgut veure per dins, no s'hi sentia a gust. Era bonica, sí. I feia bona olor. Però no hi havia l'alegria de la seva minúscula cabana i amb prou feines s'hi sentia cap soroll. A la seva cabana, sempre hi havia l'àvia, que no parava de cantar, de cridar o d'explicar històries. O la mare, que l'escridassava sovint. O el pare, que sempre es queixava de tot. En aquella casa, hi havia un silenci que feia mal a les orelles.

—D'acord, ho provarem —va concloure la dona vestida de negre.

L'Addis Amba se'n va anar tot darrere de la majordoma, que, en arribar al vestíbul, li va dir, assenyalant-li un racó al costat de l'escala:

—Posa't aquí.

L'Addis Amba es va posar al racó on li deia la dona. Al cap d'una estona va venir l'amo a veure'l, acompanyat de la seva senyora. Tots dos anaven molt ben vestits i pentinats, i eren molt alts i molt magres, va pensar l'Addis Amba, que se'ls mirava de reüll, perquè li havien dit que no es podia mirar els amos a la cara.

L'home i la dona el van observar un moment i van dir:

—Sí.

La feina de l'Addis Amba consistiria a estar-se al vestíbul, de les set del matí a les set del vespre, sense fer res. No havia de recollir ni els barrets ni els abrics dels convidats, ni canviar l'aigua de les flors de sobre el moble, ni treure la pols del rebedor, ni obrir i tancar la porta. No havia de fer res.

Només havia d'estar-se allà, dret, quiet i mut, fent d'estàtua, perquè l'amo trobava que, en aquell racó, hi faltava alguna cosa. I, com que no tenia temps de pensar què podia quedar bé en aquell espai, va decidir que hi posaria l'Addis Amba fins que un dia li vingués la inspiració i anés a la ciutat a comprar el penja-robes, el paraigüer, el gerro o el que hauria decidit que hi havia d'anar.

El noi s'hi va estar exactament deu dies. Deu dies que li van semblar deu anys. Tantes hores allà dret, sense parlar, sense moure's, sense ni tan sols poder tombar el cap, se li van fer tremendament insuportables. No podia menjar, ni beure, ni seure, ni anar al lavabo, ni esternudar, ni gratar-se, ni mirar la gent que entrava o sortia. No podia fer absolutament res. Només fer veure que era una estàtua i pensar. Això sí que ningú no li ho prohibia. Si no deia en veu alta el que pensava, podia pensar tant com volgués.

A l'onzè dia, sense que ningú el veiés, va entrar d'amagatotis una escultura de fusta que era més o menys com ell, tant d'alçada com de color.

L'havia fet el seu avi, que era molt traçut, a les nits, quan tornava dels camps de cotó, després que l'Addis Amba, pensant una mica, busqués una solució per no fer d'estàtua tota la seva vida.

L'Addis Amba va col·locar el nen de fusta al racó on s'havia passat aquells deu interminables dies, i se'n va anar cap a casa, més content que unes pasqües.

Van passar molts anys. Molts i molts. I ningú no es va adonar mai que aquell nen del racó era de fusta.

FORMIGUES
A LA BRASA

Un dia, en una casa d'un poble de Finlàndia anomenat Savukoski, hi va passar un fet excepcional. El senyor Bastida i Fonaments, durant un viatge que va fer per aquestes terres del nord d'Europa, l'any següent d'haver pogut parlar amb el mestre d'escoltar cases, va entrar de casualitat a la casa on havia passat la història, i les parets del menjador li van confiar tots els detalls.

Una vegada, en un poble finlandès ple de cases de fusta pintades de color groc, a la vora d'un riu d'aigües quietes i d'un bosc de pins i bedolls de tronc llarg i recte, un home va anar a buscar llenya per fer foc a la llar.

A més de tallar unes quantes branques, va arreplegar algun tronc caigut, mig podrit, que va trobar per terra. I, amb el carregament de llenya ben posat al carretó, va tornar tot content cap a casa seva.

Com tenia fills molt petits i aquell dia feia fred perquè eren al cor de l'hivern, l'home de seguida va encendre foc a la llar del menjador. Va agafar un parell de branques de les que havia tallat, que eren més verdes, i va posar un tronc dels caiguts, que era més sec, entremig. Hi va acostar una mica de paper, quatre estelles i un llumí encès i, en un tres i no res, el foc va començar a escalfar de valent el menjador.

L'home se'n va anar a fora a acabar d'endreçar la llenya que havia dut. Mentre, la mare, a la cuina, tallava un costelló de porc a bocins molt petits que després salava i posava ben posats en uns pots de vidre. Al menjador, els tres fills, l'Axel, l'Erik i la Mirjami jugaven prop del foc.

L'Axel, el gran, era un nen de vuit anys que sempre es fixava molt en tot. Tenia un do extraordinari per sentir els sorolls, fins i tot aquells molt llunyans o molt febles. Sovint, el seu pare, quan anava de cacera, se l'enduia perquè li digués si havia sentit les petjades d'algun ren.

Però el més extraordinari de l'Axel era que, a més de sentir els sorolls de les petjades d'un ren, si hi parava molta atenció, podia arribar a entendre el que deia. Així, si aquell ren era una femella que buscava aixopluc per als seus cadells, l'Axel feia veure que no l'havia sentit, perquè, a més, era un vailet molt sensible. No deia res al seu pare i, en lloc de comunicar-li que havia sentit un ren, li proposava:

—Pare, i si recollim quatre móres per fer confitura, avui?

Però no només podia entendre el llenguatge dels animals, l'Axel. De vegades, també sabia escoltar el vent i endevinava si portava neu o si escombrava els núvols; si bufaria fort o si només seria una brisa suau que bellugaria dolçament les fulles dels bedolls.

Fins i tot entenia el murmuri de l'aigua del riu. I sabia, només escoltant el corrent, quan hi havia peixos i quan no. D'aquesta manera, el seu pare i ell s'estalviaven una bona caminada per pescar quatre truites o uns quants salmons.

Aquell dia que el seu pare acabava d'encendre foc amb els troncs que havia dut del bosc, mentre jugava prop de la llar, li va semblar sentir un xiuxiueig estrany.

Al principi, no estava segur d'on venia, perquè la mare, a la cuina, feia molt soroll tallant el costelló de porc; a fora, el pare no parava de donar cops de destral a la llenya; al menjador, el foc espetarregava amb molta alegria, i, per acabar-ho d'ado-

bar, l'Erik i la Mirjami només feien que riure i cridar.

Per més que s'hi esforçava, l'Axel no podia distingir de cap de les maneres què era aquell soroll que sentia ni d'on provenia.

Perquè ens entenguem, més que un soroll com el que fa l'aigua de pluja, per exemple, o el que fa el vent quan es bressola entre els pins, a l'Axel li semblava que el que sentia eren veus. Unes veus alarmades que se sobreposaven les unes a les altres en un concert espantadís. Però, a casa, a part del pare, la mare, els seus germans i ell, no hi havia ningú més.

L'Axel va decidir posar-se l'abric i sortir. Un cop al pati, es va acostar fins on era el pare.

—Sento veus —li va dir, mentre mirava atentament pel voltant.

—Veus? De qui? —li va preguntar el pare, amb la destral enlaire, seguint-li la mirada.

I és que el pare de l'Axel se'n fiava molt, del que sentia el seu fill. Tal vegada era un llop que s'acostava a la casa i caldria estar alerta. Els llops, a l'hivern, solen ser perillosos, perquè estan famolencs i no dubten a acostar-se on viuen les persones per arreplegar el que puguin.

—Que sents un llop, potser? —va preguntar-li el pare.

Però allà fora l'Axel no sentia res.

Feia un dia extremament quiet, amb el cel de color de plom, llis com un llençol. Segurament, al cap d'una estona, començaria a nevar. Quan ha de nevar, el cel sol ser d'aquest color i l'aire també està així d'encalmat.

L'Axel va tornar a entrar a la casa. Es va treure l'abric i es va disposar a jugar de nou amb els seus germans.

Però, al cap d'una estona, aquell concert de veus invisibles, fluixes i atemorides va tornar a atraure la seva atenció.

Va mirar bé per tots els racons del menjador, per darrere el sofà, per sobre els mobles, sota la taula i les cadires, dins d'un parell de palmatòries que hi havia al cim del bufet. Fins i tot va fer aixecar els seus germans de l'estora on jugaven i va mirar si hi havia res a sota. Però no va tenir sort.

L'Axel estava del tot desconcertat. Mai no li havia passat que sentís veus o sorolls i no sabés d'on venien.

I llavors, tot d'una, com si fos una revelació, va adonar-se que provenien del foc.

—No pot ser la llenya —va dir-se—. La llenya no parla. Si de cas, fa sorolls quan es crema.

Però el que sentia l'Axel eren veus i no pas sorolls.

I a poc a poc, com si no s'ho acabés de creure, va acostar-se a la llar.

El tronc mig podrit que el seu pare havia posat enmig de les dues branques verdes era ben ple de formigues que, asfixiades pel fum i mig socarrimades pel foc, anaven embogides amunt i avall, en una fugida desesperada. El tronc descompost que el pare de l'Axel havia dut del bosc era casa seva, la casa de les formigues. I ara, tot d'una, se'ls estava cremant.

—Ens cremen la casa! —sentia l'Axel, molt sorprès.

—Tan bé que estàvem! —deia una altra veu.

—No hi ha dret! Per què no cremen la seva, de casa?

—Estàvem tan adormides que no hem tingut temps de sortir ni de res.

—Com ens ho farem per fugir d'aquí? —es desesperava una formiga que, per la veu que feia, l'Axel va endevinar que era de les més velles.

De fet, no n'hi havia, de sortida. Les flames envoltaven totalment el tronc de les formigues i, encara que en poguessin baixar, haurien de travessar el foc per sortir de la llar.

A l'Axel se li va encongir el cor. No podia permetre que aquelles formigues acabessin a la brasa, com si fossin un tros de costelló d'aquells que la mare preparava a la cuina. Havia de fer alguna cosa ràpidament. I és que potser no ho hem dit abans, però l'Axel era un nen amb un cor molt gran.

I, sense pensar-s'hi dos cops, va agafar el pal de l'escombra i una galleda. Va acostar un extrem del pal al tronc que ja es cremava, i va fer que l'altre toqués la galleda.

Al principi, les formigues es van atabalar molt amb aquell pal. No veien la galle-

da de l'altra punta i eren molt lluny d'i-
maginar que, a l'altra banda del foc, un
nen de vuit anys intentava salvar-les de les
brases. Més aviat, encara es van espantar
més. Qui sap què es pensaven!

L'Axel no havia parlat mai amb formi-
gues. Amb gossos, gats, ocells, rens i
ànecs, sí. Amb el riu, els núvols i la neu,
també. Però amb formigues, mai. Tot i
així, ho va intentar.

—Vinga, boniques, pugeu al pal, vinga,
vinga! No tingueu por. No passa res.

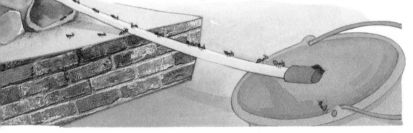

L'Erik i la Mirjami s'havien acostat a la
llar.

—Què fas? —li va preguntar la nena,
que encara no havia vist aquella munió de
formigues que corrien embogides pel
tronc.

—Són formigues i se'ls està cremant la casa.

—I aquest pal que hi has posat, per a què serveix? —va voler saber l'Erik.

—Si pugen pel pal i van a parar a la galleda, les salvarem —va explicar l'Axel.

—I per què les hem de salvar? —va insistir el petit, que no entenia res.

—Perquè estan espantades i demanen ajuda —va dir l'Axel, molt seriós.

—Jo no ho sento pas, que demanin ajuda —va replicar l'Erik, acostant-se encara més al foc i parant l'orella amb molta atenció.

Sigui perquè la veu de l'Axel els va semblar prou raonable, sigui perquè ja se'ls començaven a socarrimar els peus, el cert és que unes quantes formigues van decidir enfilar-se pel pal d'escombra. I darrere d'aquestes, unes altres. I després, més. I, al capdavall, totes van acabar a la galleda. Llavors, l'Axel, amb molta cura, va agafar la galleda i la va deixar a l'entrada del bosc.

Començava a nevar i el pare s'afanyava a tallar la llenya.

—Serà una bona nevada —deia, tot mirant el cel—. A veure si no podrem anar a fer llenya durant uns quants dies. A veure si ens quedarem sense, si neva gaire...

I va nevar molt, sí. Gairebé, un mes seguit. Però a casa de l'Axel no hi va faltar la llenya en tots aquells dies. Cada matí, al peu de la porta, el pare hi trobava dos troncs gruixuts i ferms, a punt per tirar a la xemeneia.

—Són les formigues, segur —li repetia l'Axel, tot emocionat.

—Quines formigues? —repetia el pare, que no en sabia res.

—Les formigues a la brasa, pare, que ens porten els troncs cada matí i es cuiden prou que no hi hagi cap animaló a dins.

—Si tu ho dius...

I així es va acabar aquesta història que va passar ja fa temps al menjador d'una casa del poble de Savukoski.

L'HERÈNCIA DE LA SENYORA NIEDLICH

Un dia de tardor de l'any 1980, a Speyerdorf (Alemanya), es va morir la senyora Uta Niedlich, als setanta-quatre anys d'edat. Era soltera i vivia tota sola en una casa de planta baixa prop de la muralla medieval. Era una caseta envoltada d'un jardí molt bufó, presidit per un faig enorme que la mateixa senyora Niedlich havia dut del cor de la Selva Negra quan era molt joveneta. Una vegada que el faig va estar malalt, un rodamón que havia estat jardiner, en adonar-se que la senyora Niedlich estava molt trista per-

què l'arbre se li moria, es va oferir a gua-
rir-lo. Com a recompensa per haver sal-
vat el faig, la senyora Niedlich, quan es va
morir, es va recordar del rodamón en el
seu testament.

El senyor Bastida i Fonaments va es-
coltar aquesta curiosa història a la cuina
mateix de la casa de la senyora Niedlich,
uns quants anys després que la dona es
morís.

El notari havia citat al seu despatx els
dos nebots de la senyora Niedlich, dos
senyors de cinquanta anys, bessons, de
pell rosada, grassonets i d'ulls petits. Igual
que la seva tia, tots dos eren solters.

Feia molts anys que esperaven que la
tia es morís, perquè somiaven que els dei-
xaria la casa en herència i així podrien
abandonar el piset on vivien al mig de la
ciutat, un pis fosc, humit i de parets tan
fines que no esbandien cap soroll. En
canvi, la casa de la tia Uta, a tocar de la
muralla, tenia jardí, i el carrer on estava
situada era molt tranquil.

El notari es va col·locar bé les ulleres diminutes i va començar a llegir el testament. Tal com havien suposat els dos nebots, la casa era per a ells. Els dos homes van respirar tranquils. Per fi anirien a viure en un lloc prou aïllat i no haurien de sentir mai més els sorolls dels pisos del costat!

—Tot és per a vostès —deia el notari—, però hi ha una condició.

«Ep! Ja hi som! —van pensar els nebots—. Aquella vella bruixa ens n'havia de fer alguna!» Quina condició devia ser aquella que deia el notari?

—«Com a recompensa per haver salvat el meu estimat faig» —llegia el notari—, «disposo que el senyor Strolch continuï tenint cura del meu faig i, a canvi, se li serveixi cada dia un plat de menjar a la cuina de casa.»

—Qui redimonis és el senyor Strolch? —va fer un dels dos nebots.

—El rodamón que va salvar el faig del jardí de la seva tia —va explicar el notari amb veu indiferent.

—I cada dia l'hem d'asseure a taula? —va preguntar l'altre nebot.

—Així ho disposa la tia de vostès, sí.

—I si no hi estem d'acord?

—Llavors —va dir el notari—, la casa passarà a ser de l'Ajuntament perquè en faci un lloc d'acollida per a rodamons i indigents.

—Reina Santíssima dels Set Dolors! —van exclamar els nebots.

El notari, per dins, es moria de riure en veure la cara que havien fet els dos homes grassonets quan van saber les condicions del testament de la seva tia. Però, per fora, s'aguantava prou. Perquè no està gens bé que un notari arrenqui a riure quan llegeix un testament, ni que sigui un testament tan estrambòtic com aquell.

—I el senyor... aquest... com es diu? —preguntava un dels nebots.

—Strolch. Senyor Strolch —va contestar, molt seriós, el notari.

—Ja ho sap, el senyor Strolch, que pot venir a dinar o a sopar cada dia a casa nostra?

Perquè els nebots pensaven que, si era un rodamón, que avui és aquí i demà qui ho sap, potser no era gens fàcil trobar-lo per dir-li allò de l'herència. I, si no el trobaven, pitjor per a ell.

—Aquest mateix matí li ho he comunicat —va respondre el notari, traient-se les ulleres i plegant els papers que tenia al davant.

El gest i l'actitud del notari donaven a entendre que la lectura del testament s'havia acabat.

Els dos germans van marxar de casa del notari ben enfadats amb la seva tia. Si els havia deixat la casa, per què no ho podia haver fet més senzill, sense aquella horrible condició d'haver d'asseure cada dia a taula un rodamón?

De totes maneres, l'endemà mateix, els nebots de la senyora Niedlich van fer el trasllat.

Van carregar les seves coses en un camió de mudances i van marxar més de pressa que el vent d'aquell pis estret i sense ventilació on havien passat tota la seva vida. Amb el cor content i les cares alegres, a primera hora de la tarda prenien possessió de la caseta amb jardí de la seva tia Uta, que al cel sigui. Només tenien una nosa en el pensament: el senyor Strolch.

Però va passar una setmana i ningú no venia a sopar ni a dinar.

Va passar una altra setmana i igual.

Al cap d'un mes, els nebots van pensar que potser el senyor Strolch no en volia saber res, de l'herència de la tia. O qui sap si també s'hauria mort. O vés a saber, encara, si ja era en una altra ciutat. Els rodamons, justament, fan això: voltar pertot arreu. I mai no se sap ben bé on paren.

Però vet aquí que, un migdia, van sentir el timbre de la casa.

—Qui deu ser? —va fer un dels nebots, que, vestit amb un davantal cordat al darrere, preparava uns enormes bistecs amb salsa de mostassa per dinar.

L'altre va anar a obrir i, de l'ensurt, de poc que no cau de cul per terra.

Davant seu hi havia un home d'edat indefinida, amb una barba fosca que li arribava fins a la panxa, unes grenyes encartonades que li tapaven mitja cara i uns vestits fets de pedaços de robes de mil colors apagats. Duia un sac a l'esquena, brut i desfilat, i deixava anar una pudor de mil dimonis.

—Què... què... desitja? —va fer el nebot que havia obert la porta, endevinant-ho tot.

—Sóc el senyor Strolch i vinc a dinar —va fer el desconegut.

I tot seguit li va presentar un paper on deia que, efectivament, era el senyor Strolch.

El nebot va anar corrents a buscar el seu germà, que va sortir amb davantal i tot i amb un cullerot a la mà.

—Vostè no ha complert la part del tracte que li pertocava —va dir, molt de pressa, el que duia el cullerot—. Per guanyar-se el dinar ha de tenir cura del faig.

—Ja ho sé —va fer el rodamón, sense immutar-se gens ni mica.

—I doncs?

—He estat fora perquè he hagut d'anar a buscar el tractament per a l'arbre —va respondre el senyor Strolch—. Només a la Selva Negra, que és d'allà on procedeix el faig, es pot trobar el remei per a la seva malaltia.

I, sense esperar que el convidessin a passar, va entrar, va travessar tota la casa i va sortir al jardí. Un cop allà, es va dirigir a l'arbre, va treure unes pólvores blanques que duia en un saquet i les va escampar al voltant del faig.

—Ja està. I ara, a dinar —va dir després.

Es va rentar les mans a l'aigüera de la cuina, va seure a taula i es va cruspir tots els bistecs i tota la salsa de mostassa. Es va menjar tota la macedònia que hi havia de postres i es va beure dos cafès. En acabat, va marxar.

L'endemà va tornar. I l'altre. I l'altre. I així durant moltes setmanes. Escampava les pólvores blanques al voltant de l'arbre i menjava tot el que li posaven al davant. I, si quedava amb gana, anava a la nevera i agafava tot allò que li feia falta.

Els dos nebots no guanyaven per menjar. D'acord que l'arbre estava més ufanós que mai i que aquella havia estat la voluntat de la seva tia Uta. Però el senyor Strolch capgirava tots els seus costums, se'ls menjava tot el que cuinaven i, quan marxava, deixava una ferum horrible darrere seu.

—Això no pot continuar així —van decidir un dia.

—Si no hi hagués faig —van rumiar—, el senyor Strolch no podria venir a cuidar-lo. I, si no el cuidés, no tindria cap plat a taula. El testament ho deia molt clar.

I, una nit, van tallar el faig.

L'endemà mateix, del tronc de l'arbre que havia quedat clavat a terra, en van sortir mitja dotzena de rebrots que, en poques hores, s'havien convertit en sis faigs tan ufanosos com el que ja no hi era. Els dos germans, abans que arribés el senyor Strolch, els van tallar. Però, just quan sentien el timbre de la porta, de cada un dels sis faigs tallats n'havien sortit sis més.

El senyor Strolch no es va pas amoïnar gens ni mica en veure aquell escampall de rebrots de faig per tot el jardí. Va tirar-hi les pólvores blanques, igual que els altres dies, i tot seguit va seure a taula.

Aquella nit, els germans van tornar a tallar tots els faigs i va tornar a passar el mateix: de cada un de tallat, en sortien sis de nous en un tres i no res.

L'endemà el senyor Strolch va aparèixer acompanyat de sis rodamons com ell.

—És que, amb tants arbres, ara, no dono l'abast a cuidar-los —va dir—. Ells m'hi ajudaran.

I es van quedar tots set a dinar.

I tot això va durar molts dies, fins que els dos germans, cansats de lluitar contra els faigs i els rodamons i de servir tants dinars cada dia, van fer les maletes i van tornar al pis estret, humit i fosc, on haurien de viure la resta de la seva vida.

De la casa de la senyora Niedlich, a Speyerdorf, ara en diuen la casa dels faigs, perquè el jardí n'és ple. I una colla de rodamons hi viuen feliços i tranquils.

Però ja no escampen més pólvores blanques, d'aquelles màgiques que el senyor Strolch va dur del cor de la Selva Negra, justament per prevenir els mals pensaments dels dos nebots de la senyora Niedlich. Ara només els reguen de tant en tant. I els faigs continuen creixent ufanosos, confiats que ningú no els tallarà mai més.

LA HIPOTECA

El senyor Bastida i Fonaments va escoltar aquesta història un dia que era a l'estudi d'una casa molt bufona, acabada d'estrenar, en un poble molt petit de la comarca de la Selva, a Catalunya.

Aquesta història és una clara mostra que no només parlen les cases antigues. Les cases noves, tot i que tenen pocs anys d'edat, també n'expliquen, de coses interessants.

Potser, abans d'entrar de ple en la història, hauríem d'aclarir què és una hipoteca, sobretot per a aquells que, sortosament, encara no n'han trobat cap en el seu camí.

Per fer-ho ras i curt: si et vols fer una casa o et vols comprar un pis i no tens prou diners, pots anar a un banc i te'n deixaran. Llavors, els has d'anar tornant de mica en mica. Però has de tornar els que t'han deixat i un grapat més, que és el que es queda el banc per haver-te fet el favor de deixar-te'ls.

Si arriba un dia que no els pots tornar, el banc se't queda la casa o el pis. De tot plegat, se'n diu «la hipoteca», o bé «estar hipotecat».

La hipoteca fa venir molts maldecaps a la gent que s'hi embolica. D'una banda, et permet comprar allò que no podries comprar-te perquè no tens prou diners. Però, de l'altra, sempre estàs pensant que has de tornar-los un dia o altre.

I, si no us creieu que fa venir maldecaps, llegiu:

Vet aquí que una vegada, hi havia un nen que es deia Joan. Tenia set anys i vivia

en una casa força gran, nova, amb un jar-
dí molt bonic que l'envoltava, ple de flors
de tots colors i d'arbres de tota mena.

En Joan tenia una habitació per a ell
tot sol, una habitació assolellada i espaio-
sa que era l'enveja de tots els seus amics
que vivien en pisos estrets i foscos i que,
sovint, havien de compartir el dormitori
amb algun germà.

La casa tenia una cuina que semblava de restaurant, de tan gran i ben posada; un menjador on cabia un munt de gent; un grapat de dormitoris; tres banys, i un estudi immens, a part d'un garatge per a tres o quatre cotxes, un rebost, unes quantes terrasses i un porxo molt ben situat.

A l'estudi, hi havia molts llibres, una llar de foc, uns finestrals enormes des d'on es veia una bonica panoràmica del jardí i una vista deliciosa sobre el Montseny, una taula de fusta massissa, unes quantes cadires i un parell de sofàs al voltant d'una taula baixa de vidre fumat.

El pare d'en Joan passava moltes hores en aquest estudi, repassant papers, llegint o badant davant del foc de la llar mentre escoltava una mica de música.

De tant en tant, també hi entrava la mare, a l'estudi. Però, quan passava això, es trencava l'aire tranquil que normalment es respirava en aquella habitació de la casa, i aleshores tot eren crits, lamentacions, queixes, sospirs i gemecs.

En Joan, quan el pare i la mare eren a l'estudi, es va acostumar a quedar-se amb l'orella enganxada a la porta, per la part de fora, a veure si podia entendre què passava allà dins.

Això d'escoltar darrere les portes està molt mal fet, ja ho sabeu. En Joan també ho sabia, però tenia ganes d'esbrinar què caram passava a l'estudi quan s'hi trobaven tots dos, el pare i la mare.

—És que jo hi voldria una piscina, Genís, maco, en aquest jardí tan bufó —somicava la mare—. Hi ha espai de sobres, i hi quedaria tan i tan bé... Hi podríem convidar els amics i passaríem unes bones estones tots plegats.

—Ja ho sé, Maria Rosa, estimada del meu cor —feia el pare—, però la hipoteca no ens deixa, ho saps prou bé. No ens deixa fer la piscina ni qui sap quantes coses més.

—I fins quan l'haurem d'aguantar, aquesta maleïda hipoteca que se'ns fica pertot arreu i no ens deixa fer res? —protestava la mare.

—Uns quants anys, reina meva, uns quants anys. Acabo de repassar els papers, he fet quatre números i veig que encara en tenim per a uns quants anys més, d'aguantar-la.

—En Joan, aquest curs, voldria anar a classe d'informàtica i d'anglès, i a entrenament d'hoquei —recordava la mare.

—Ai, si no fos per la hipoteca... —sospirava el pare.

—Vols dir, doncs, que en Joan no podrà entrenar, ni fer informàtica, ni anglès, ni res, com faran tots els seus companys d'escola? —preguntava la mare, amb veu d'alarma.

—Em penso que no —deia el pare molt fluixet.

—I aquell viatge que havíem de fer tu i jo, aquest any que en fa deu que ens vam casar? —insinuava la mare—. En tinc tantes ganes... Bé prou que ho saps.

—La hipoteca, reina, la hipoteca —s'excusava el pare—. La hipoteca ens diu que no el podem fer, aquest viatge que dius. Potser d'aquí a uns anys, quan la hipoteca no ens escanyi tan fort... Ja ho veurem.

—Ara ve l'aniversari del nen —insistia la mare—. Li vam prometre un ordinador nou. El que té es tan antic que no l'hi caben els jocs nous d'aquests que fan ara.

—Sí, ja ho sé. Però, amb la hipoteca, és impossible. Sentint-ho molt, l'ordinador nou s'haurà d'esperar. I en Joan, també.

En Joan, darrere la porta, no entenia res, però començava a agafar una gran antipatia per aquesta senyora Hipoteca que no deixava tranquils els pares i que, a més, no volia que li compressin un ordinador ni que l'apuntessin a hoquei, a informàtica ni a anglès. La veritat és que, a informàtica i a anglès, tant li feia. Però a hoquei sí, que volia que l'hi apuntessin. Tots els seus millors amics hi anirien!

—Però, qui s'ha cregut que és, aquesta? —pensava en Joan, tot malhumorat, pal-plantat darrere la porta—. Per quina estranya raó ens ha d'amargar la vida a tots?

I és que en Joan, aquella explicació que hem fet al principi sobre el que és una hipoteca, encara no la sabia. Ell qui sap què es pensava. El cert és que, pel seu compte, va decidir que hi havia de fer alguna cosa.

Va rumiar-hi molt. Molt i molt. I va decidir parlar-ne amb els amics. Però cap d'ells no sabia qui era aquella senyora que els deia en Joan. Algun company va admetre que, a casa seva, també se'n parlava de tant en tant, d'aquella senyora, però que no n'havia fet gaire cas perquè quan preguntava què passava amb la hipo-no-sé-què-més li deien que no era cosa seva.

En va parlar amb l'avi Francesc, que, de jove, havia treballat en un lloc que es deia hisenda o alguna cosa així.

—Ui, fill! La hipoteca! Ets massa jove, encara. Millor que no en sàpigues res —li va dir, posant-se les mans al cap—. Val més que visquis tranquil, de moment.

I en Joan no li va poder treure ni mitja paraula més.

En va parlar amb la senyoreta Olga, que era la seva mestra.

—I per què ho vols saber? —va fer la noia, molt encuriosida per aquella pregunta del seu alumne.

—Res, coses meves.

La senyoreta Olga li va ensenyar la pàgina del diccionari on sortia la paraula en qüestió i la hi va fer llegir.

—Apa, si més no, faràs una estona de lectura —li va recomanar.

En Joan, textualment, va llegir: «Hipoteca. Dret donat per contracte com a garantia a un creditor sobre una propietat del deutor sense transferència de possessió». I, com us podeu imaginar, el pobre noi es va quedar exactament igual que abans. O pitjor. Perquè aquelles paraulotes li van fer mala espina.

Passaven els dies i no en treia l'aigua clara. Fins que un dijous al migdia, tot comprant el pa a la fleca del seu poble, va sentir una dona que deia a la dependenta:

—Sí, noia, amb el meu marit acabem d'anar al banc, ara. És que la hipoteca no ens deixa viure, tu. Ens escanya de valent i no ho podem permetre. Teníem uns estalvis i la matarem. És clar que encara ens falten alguns diners, però els demanarem, no ho sé, ja ho veurem. La qüestió és perdre-la de vista, no et sembla?

A en Joan se li van obrir els ulls com si fossin dues taronges. Estalvis. Banc. Matar la hipoteca. No deixar viure. Escanyar.

Falten diners. Perdre-la de vista. Totes aquelles paraules se li barrejaven en el cervell, ben barrejades, com una escudella.

Sense comprar el pa ni res, en Joan va sortir rabent de la botiga, va córrer pels carrers com un esperitat i no va parar fins que va arribar a casa seva. Un cop allà, se'n va anar de dret a l'habitació.

—Fill, es pot saber què tens, amb aquestes presses? —li va preguntar la mare, que planxava una camisa.

—Res. Ja torno.

—Tornar? On vas? I el pa?

En Joan havia arreplegat els trenta-tres euros amb vint-i-vuit cèntims que tenia en una capsa de bombons i que constituïen tots els seus estalvis. El cor li anava a mil per hora. I les cames, pla!

Va tornar a fer el camí d'abans, però a la inversa. I, sense pensar-s'hi gens ni mica, es va plantar davant del banc. Va empènyer, decidit, la porta de vidre i se'n va anar de dret a la finestreta que tenia més a la vora i on, en aquell moment, no hi havia ningú que hi fes cua.

Va escampar els trenta-tres euros amb vint-i-vuit cèntims damunt del taulell i va dir, ben cofoi, a l'empleada que se'l mirava amb uns ulls molt oberts:

—Tingui. Entre els estalvis d'aquella senyora que ha vingut abans i els meus, segur que hi podran fer alguna cosa. I, si en necessiten més, m'ho diuen. Que potser el meu avi també ens hi donarà un cop de mà.

—Per fer què, fill? —li va preguntar l'empleada amb molta educació.

—Hem de matar la hipoteca com sigui, no li sembla?

—Oh, i tant!

I com que aquell era un poble petit i en un poble petit tot se sap, l'empleada en va parlar amb els pares d'en Joan. I, quan va arribar el seu aniversari, en Joan va tenir un ordinador nou. I, aquell curs, va anar a entrenar a hoquei. A informàtica i a anglès, no. Però a hoquei, sí. I mai més no va sentir a parlar de la hipoteca, a casa. Fins que va fer deu anys. Però això ja seria una altra història.

ELS BUFAMISTERIS

Des de fa més de vint anys, cap a dues-centes mil persones viuen en un desert on només hi ha sorra, pedres i vent, esperant que algun dia algú els digui que poden tornar a la seva terra. De moment, les seves cases són unes tendes anomenades khaima, *que, tot i que només són això, tendes, miren de tenir molt netes i ordenades, sempre a punt per si hi passa algun viatger. Aquest lloc on tanta gent viu en tendes és el desert d'Algèria i els que hi viuen són els saharians. I, un dia que el senyor Bastida i*

Fonaments hi va fer una parada, va poder escoltar aquesta fantàstica història que li van explicar les parets de roba de la part de la tenda que feia de dormitori.

A la tenda on viu l'Aisa, que és una nena llesta i espavilada com cap altra, tot és allà mateix, com a la resta de les tendes del campament d'El Aaiun, que és un dels quatre camps de refugiats que hi ha a la zona més poc acollidora del desert algerià.

Entrant, a mà esquerra, hi tenen el que en podríem dir la cuina, tot i que moltes vegades, de fet, cuinen a fora. La resta de la tenda és plena d'estores, on seuen per menjar, per prendre el te i per explicar històries. Al fons hi ha els llits, que són més estores amb coixins a sobre. A l'hora de dormir, solen córrer unes cortines per separar els llits dels pares dels llits dels fills o dels llits dels avis.

A l'Aisa, tot li sembla bé. Perquè, a més de ser una nena molt llesta i espavilada, és molt alegre i mai no para de jugar ni de riure amb els seus amics i amigues.

Una de les tendes més grans del campament és l'escola, i hi va cada dia. Li encanta aprendre coses noves. Sempre diu que, quan sigui gran, vol estudiar un ofici que es diu enginyeria per fer portar l'aigua fins al campament, perquè, ara com ara, en tenen molt poca. De fet, no en tenen gens. Un camió cisterna en du un cop o dos a la setmana i, aleshores, la gent n'arreplega tots els bidons que pot.

Ningú no diria, doncs, que a aquesta nena de vuit anys, tan alegre i comunicativa, a qui tant li fa que des de la seva tenda només es vegi sorra i cel perquè de fet no ha conegut res més, a les nits, li passi el que li passa.

A l'Aisa li agradaria que sempre fos de dia. Li és igual que el sol cremi, que faci calor, que se li peli la pell o que li surtin crostes als llavis. Li és ben igual. Ella, si pogués demanar un desig, un desig de debò, demanaria que el sol mai no se n'anés a dormir.

I és que, a les nits, l'Aisa es mor de por. Tan valenta i tan alegre com és, quan es fica al llit i els grans corren les cortines, comença a tremolar de cap a peus i només fa que sentir sorolls estranys, veure llumetes que no sap d'on vénen i imaginar-se mil i una històries la mar de lletges. Pateix tant que, molts dies, no pot dormir gens ni mica.

Això que li passa a l'Aisa, de fet, passa a molts dormitoris de moltes cases de tot el món, a molts.

A cases enmig de la neu. A cases de grans ciutats. A casetes de pobles petits. A cases a la vora del mar i a cases de la muntanya. A cases petites i a palaus immensos. A iglús, que és on viuen els esquimals. I a tendes, que és on viuen els saharians. A les cabanes del mig de la selva i als gratacels de les ciutats més grans del planeta. Passa pertot i no se sap ben bé per què. Però passa.

Fins que un dia, aquests nens i nenes que senten sorolls, que veuen llumetes que van i vénen i que no poden aclucar els ulls en tota la nit, es fan grans. Llavors ja poden dormir més tranquils. Més o menys passa així.

De totes maneres, hi ha persones grans que, després, tenen uns altres maldecaps i tampoc no poden dormir. Potser no senten sorolls ni veuen llumetes, com quan eren petits, però els costa dormir igualment, encara que això ja seria una altra història.

El cert és que l'Aisa no volia esperar a fer-se gran per poder dormir tranquil·lament tota la nit. Però no sabia com fer-ho. Cada nit era un malson terrible. I, quan ho explicava, els grans només li sabien dir:

—No pateixis, ja et passarà. Tu pensa en coses boniques.

Però només sabia pensar en dies que no tinguessin nit. En res més. I això, al desert era impossible. En algun lloc del món sí que passa, que el dia és tan llarg que amb prou feines es fa fosc una estoneta. Però al desert, no. Mai.

I vet aquí que una tarda va arribar un home estranger al campament. Tenia la pell encara més fosca que ells, duia un barret de coloraines i una túnica vermella fins als peus. Explicava històries de tot el món amb una veu molt profunda, com si parlés amb la panxa, més que no pas amb la boca. Era ben bé com si se submergís en un pou per rescatar uns contes plens de màgia i de paraules boniques que deixaven tothom ben bocabadat.

La família de l'Aisa el va convidar a beure el te amb ells, que és el que solen fer els habitants del desert quan passa algun viatger.

I, quan el sol es ponia, van seure tots fora de la tenda, damunt de la sorra, sota un cel encès, bressolats per un aire lleuger i tebi, dins d'un silenci de capvespre d'aquells tan acollidors i amables, un silenci que gairebé només es pot sentir al desert.

Feia goig de veure aquella gent escoltant l'home del barret de coloraines que no parava de contar-los històries i més històries de totes les parts del món.

L'Aisa, sobretot, se sentia immensament feliç. I, per uns moments, li va passar pel cap que ja no volia estudiar enginyeria, sinó que, de gran, voldria anar pels camins de tot arreu explicant històries com aquell home de pell fosca i de mirada tendra.

Però va arribar la nit i l'home es va aixecar per marxar. Els pares i els avis de l'Aisa el van acomiadar.

A la tenda, tots es preparaven per anar a dormir. Endreçaven les tasses del te, passaven les cortines, es deien bona nit.

A l'Aisa li va venir el tremolor de cada vespre. I, sense pensar-s'hi, amb una excusa que ara no recordo quina era, va tornar a sortir. Volia parlar un moment amb aquell home que contava contes d'aquella manera tan extraordinària. No sabia pas ben bé què li volia dir, però sentia que necessitava veure'l de nou.

Va sortir de la tenda i l'home, que una estona abans havia desaparegut desert enllà, estava palplantat allà davant mateix.

—Hola, Aisa —li va dir, ensenyant un somriure blanquíssim.

—Em pensava que ja eres fora —li va dir la nena, una mica torbada per la presència d'aquell home que es pensava que ja era lluny d'allà.

—Ja veus que encara sóc aquí.

—Vull que m'expliquis un altre conte —li va demanar l'Aisa.

—Quin?

—Un que m'ajudi a no tenir por a les nits. El saps?

—Oh, i tant!

L'home va seure a la sorra, que encara era calenta. L'Aisa va seure al seu costat. El cel s'omplia d'estels petits com puntes d'agulla. Començava a refrescar. Les nits, al desert, són força fredes.

—T'explicaré el conte dels Bufamisteris —va dir l'home, posant-se bé la túnica i aclarint-se la veu.

—Qui són els Bufamisteris? —va demanar l'Aisa, que no n'havia sentit a parlar mai.

—Uns personatges que, una nit d'hivern, fa molts anys, vaig conèixer enmig de la selva. Jo no podia dormir, perquè tot eren sorolls estranys i llums que anaven i venien.

—Jo també sento sorolls estranys i veig llums que van i vénen —va fer la nena—. Per això no puc dormir.

—Però llavors, quan més espantat estava —va prosseguir l'home de la túnica—, van arribar els Bufamisteris i tot es va acabar.

Aquí, al desert, segur que no n'hi ha, de personatges d'aquests —va lamentar-se l'Aisa.

—No t'ho creguis pas. Els Bufamisteris són pertot —va replicar l'home.

—A la meva tenda, també?

—A la teva, a la del costat i a la de l'altra banda del desert.

—Però jo no els he vist pas mai —va dir l'Aisa.

—Perquè són tímids i no es deixen veure. Però segur que els has sentit i segur que també has vist el rastre que deixen darrere seu.

—Un rastre?

—Unes llums que s'encenen i s'apaguen.

—Sí, això sí, que ho he vist! —va fer la nena, tota esperançada—. De llums, en veig sempre, però em pensava que eren fantasmes.

I, tot seguit, l'home li va explicar que els Bufamisteris es dediquen, justament, a espantar misteris d'aquests que no s'entenen, misteris poca-soltes que vénen amb forma de fantasmes, de monstres d'ulls verds i brillants o de bruixes velles i arrugades. Els Bufamisteris persegueixen tots aquests personatges desagradables fins que els fan fora amb una bona bufera. Llavors, tranquil·lament, se'n van a bufar misteris a un altre lloc.

—Aquesta nit, fixa-t'hi —li va dir l'home a l'Aisa—. Sentiràs els sorolls de les seves passes corrent darrere els misteris, la bufera que deixen anar per fer-los fora i veuràs les llums del seu rastre. Després, tot s'esvairà i et podràs adormir ben tranquil·la.

—Segur?

—Seguríssim. I, si no, demà m'ho dius.

—Que encara seràs aquí?

—Si em necessites, sí.

Però l'endemà, l'Aisa es va llevar més contenta i feliç que mai. Sí que els havia sentit, els Bufamisteris, sí. Fins que van acabar la feina i ella es va adormir. I, a partir d'aquella nit, ja no va tremolar més a l'hora de ficar-se al llit.

—Si un dia aquell home torna, li preguntaré com són. M'agradaria dibuixarlos —va pensar.

Però l'home no va tornar. I, encara avui, ningú no sap ben bé com són. Però que existeixen, segur.

LA MARTA QUE ES COMPRAVA TANTA I TANTA ROBA

De tant en tant, el senyor Bastida i Fonaments també entra als banys de les cases, o als lavabos, com els vulgueu dir. Hi passen històries molt interessants, en aquest racó de les cases. Aquesta que explicarem aquí va passar en un pis de Barcelona, a Catalunya, però podria haver passat a Sydney, a Austràlia; a Roma, a Itàlia; a Sant Julià de Lòria, a Andorra, o a Durban, a Sud-àfrica.

Diuen que una vegada, a Barcelona, hi vivia una nena molt presumida que es deia Marta. La Marta avorria totes les seves amigues quan els començava a explicar la roba que es compraria.

—Avui a la tarda, quan plegui de l'escola —li deia un dia a l'Aran, que era l'amiga de la Marta que tenia més paciència de totes—, aniré a comprar-me uns pantalons una mica acampanats, de color taronja, que és un color que fa molt per a l'estiu, que ja gairebé és aquí. També em compraré una samarreta blanca de tirants, que fa ressaltar la pell bronzejada pel sol, unes sabates de goma per córrer per la piscina que els avis tenen a la casa de Calella, tres faldilles de colors, molt curtes, per anar de festa les nits d'estiu, i unes arracades.

L'Aran s'avorria d'allò més amb els detalls de la vestimenta de la Marta, la veritat. Més que res, perquè li semblava que la seva amiga no sabia parlar de cap altra cosa. Si era l'hivern, parlava de botes, d'abrics i d'anoracs. I, si era l'estiu, parlava de samarretes de tirants i de faldilles curtes. Però sempre, sempre de la vida, parlava de roba. Com si no hi hagués altres coses més interessants al món! Com si no es pogués parlar de res més!

I tant i tant es va cansar d'escoltar tot el que es compraria que, al capdavall, l'Aran es va enfadar molt, va perdre la paciència i li va dir:

—Marta, no saps el que et perds, parlant només de roba tot el sant dia! Podries parlar de música, de llibres, dels amics, del que passa pel món, de la capa d'ozó, de les foques, de l'aigua, dels focs als boscos, de cinema...

—Quina aigua? Quins amics? Quines foques? —va preguntar la Marta, que no entenia per què l'Aran li sortia ara amb aquelles coses tan estranyes.

—L'aigua que hem d'estalviar. Els amics amb qui podem compartir tantes coses. Les foques que maten perquè les senyores se'n puguin fer abrics que no necessiten per a res —li deia l'Aran, tot intentant que la seva amiga canviés de conversa, ni que fos per una vegada a la vida.

—Abrics? Dius abrics? Doncs mira, ahir mateix en vaig veure un que...

L'Aran estava desesperada. Definitivament, semblava que la Marta no tenia remei.

—Demà, si fa sol, portaré la samarreta que aniré a comprar aquesta tarda —va dir—. La faldilla curta, no, que me la guardaré per a l'estiu.

Però l'Aran ja no l'escoltava.

L'endemà al matí, la Marta va aparèixer a l'escola amb uns pantalons acampanats de color taronja, una samarreta de tirants i unes sabates de goma de les que es porten per anar a la piscina. I, per damunt de tot plegat, fins i tot dels pantalons, tres faldilles curtes de tots colors.

Tothom se'n reia perquè semblava un espantaocells, amb tota aquella roba al

damunt. I la Marta, ben avergonyida, s'a-
magava pels racons de l'escola.

—Què passa? Que no t'ho pots treure o
què? —li va dir l'Aran, mossegant-se el
llavi per no esclatar en una gran riallada.

—Si ho duc és perquè vull —va replicar
la Marta, de molt mala lluna.

Però era mentida.

Resulta que la nena havia anat a com-
prar la roba, se l'havia emprovat a la boti-
ga i, després, amb la roba nova ben posa-
da dins de les bosses, se n'havia anat cap a
casa. Un cop allà, havia entrat al bany i
s'ho havia tornat a emprovar tot. Però,
així que es posava una peça, ja no es po-
dia treure l'altra.

La seva mare, la nit anterior, quan va veure que la nena sortia del bany amb tota la roba nova i se n'anava a dormir com aquell qui res, no en va fer gaire cas perquè sabia que la Marta era molt capriciosa. I al matí, en adonar-se que se n'anava a l'escola amb tota aquella roba posada, també va pensar que era per fer venir enveja a les seves amigues. I no li va dir res.

—Sé d'una botiga on fan rebaixes d'hivern —va dir la Marta a l'Aran a l'hora de l'esbarjo—. He vist un abric que em farà joc amb unes sabates que...

—No hi vagis —la va interrompre l'Aran, que havia canviat de sobte l'expressió del seu rostre i ara estava tota alarmada—. No et compris més roba, Marta, creu-me! No te la podràs treure de sobre! Ho sé!

—No diguis ximpleries. Quan m'emprovi l'abric, bé m'hauré de treure tot això!

I, com era de suposar, la Marta, a la tarda, se'n va anar a comprar l'abric de rebaixes.

I l'endemà, un calorós dia de juny, es va presentar a l'escola amb els pantalons acampanats, la samarreta de tirants, les sabates de goma, les tres faldilles curtes i... l'abric d'hivern!

Però es veu que encara no en tenia prou, perquè aquell mateix dia, i perquè fes joc amb l'abric, es va anar a comprar una bufanda i uns guants per anar a esquiar quan fos el temps.

A la nit, va entrar al bany de casa seva, que era on sempre s'emprovava les coses que es comprava perquè hi havia un mirall que anava del sostre al terra, i es va emprovar els guants i la bufanda.

A l'hora d'anar a dormir, es va ficar al llit amb tot el que ja duia més el que s'havia comprat a la tarda.

L'endemà al migdia, la mare de la Marta va anar a buscar la seva filla a l'escola.

—És que tenim hora al metge —va explicar a la mestra en veu baixa—. És per això tan estrany que li passa. No es pot treure del damunt la roba que es compra, sap? Si fos l'hivern, encara. Però, amb aquestes calors, la nena sua massa.

—I si no li comprés tanta roba? —li va insinuar la mestra—. De fet, no la necessita pas. Els joves s'han d'acostumar a

passar amb menys coses. La societat de consum...

—Però, què diu? —es va enfadar la mare de la Marta, que era una mica com la seva filla—. Avui dia, si no vas a la moda, no ets ningú.

I se'n van anar cap al metge, totes dues, mare i filla.

L'endemà, la Marta anava amb els pantalons acampanats, la samarreta de tirants, les sabates de goma, les tres faldilles curtes, l'abric d'hivern, la bufanda, els guants i... per sobre de tot això, un anorac de coloraines amb caputxa i tot.

I, com que, a primera hora, tocava fer gimnàstica i la nena amb prou feines es podia moure amb tota aquella roba, la mestra la va dispensar.

—El metge em va dir que aviat em passarà —va explicar la Marta a l'Aran—. Que no havia vist mai res de semblant, però que segur que passarà. Mentrestant, m'aniré a comprar un barnús blau cel que és una preciositat.

—No! —va cridar l'Aran—. No et compris res més!

—Em compraré tot el que vulgui, què et penses? A més, el barnús és per si m'han d'ingressar en una clínica per fer-me proves, que el metge ho va dir.

I, el dia següent, la Marta va aparèixer amb tot el que ja sabem i, coronant-ho, un immens barnús de color blau cel. I si diem que era immens és justament perquè, si se n'hagués comprat un de la seva talla, no li hauria cabut.

Ja semblava un núvol, de tan inflada i grossa com anava. I, com que ocupava dues cadires, al seu costat no es va poder asseure ningú. Tampoc no va poder sortir a la pissarra, perquè, per més que allargava el braç, no hi arribava. La roba que duia posada era massa voluminosa.

Al cap d'uns dies, la Marta ja gairebé no es veia sota la muntanya de roba que arrossegava. Ara, a sobre del barnús, hi duia un jersei de llana amb tot de xaiets blancs brodats.

—El vaig veure a l'aparador d'una botiga i no me'n vaig saber estar —va explicar a l'Aran, en veure que la seva amiga no podia treure els ulls d'aquella peça de roba tan impròpia de les acaballes de la primavera.

Feia tants dies que durava tota aquella història, que els mestres i els companys s'hi van acostumar i ja no li dedicaven cap mena d'atenció. La Marta que

es comprava tanta i tanta roba passava desapercebuda, que és el que sol passar quan una notícia dura massa.

Els metges no trobaven cap mena d'explicació per a aquell fet tan estrany. I això que en van venir de tot el món, a veure què li passava a la Marta! Li feien obrir la boca, li miraven les orelles i el nas, li prenien la pressió, li feien dir «trenta-tres». També van voler visitar el bany de casa seva, que era el lloc on la Marta, quan s'emprovava alguna cosa, ja no se la podia treure. Però cap d'ells no en va treure l'aigua clara. I, al final, se'n van anar tots.

I vet aquí que, un dia, la Marta es va posar a plorar desesperadament, cosa que encara no havia fet des que havia començat tota aquella aventura tan estrambòtica.

—Què tens? —li va preguntar l'Aran, tota esperançada.

Pensava que, si la noia es penedia, potser tot s'acabaria arreglant. De vegades, aquestes coses passen.

—És que, si no em puc treure tot això —somicava la Marta—, no em podré comprar un vestit de bany molt bufó que he vist en una botiga que...

L'Aran, en sentir això, es va quedar tan bocabadada que de poc que no s'empassa una mosca.

La Marta no tenia remei; d'això n'estava segura. I mai no ho sabrem, si en tenia o no. Perquè el senyor Bastida i Fonaments no va poder acabar d'escoltar la història. La casa on era el bany que li explicava tot això va ser enderrocada el mateix dia que havia d'escoltar-ne el final.

Hi ha qui diu, però, que un dia, la Marta va voler recollir un gat abandonat que havia trobat enmig del carrer, i no va poder perquè no hi arribava, de tanta roba que duia a sobre. I que, llavors, sí. Llavors es va penedir de tot, la roba li va caure i va poder agafar el gatet i endur-se'l cap a casa seva.

Però hi ha qui no s'ho creu de cap de les maneres.

Índex

El senyor Bastida i Fonaments 7

El nen de fusta 23

Formigues a la brasa 37

L'herència de la
senyora Niedlich 51

La hipoteca 65

Els Bufamisteris 79

La Marta que es comprava
tanta i tanta roba 93

Han escrit i  han dibuixat...

Dolors Garcia i Cornellà

Vaig néixer a Girona un divendres al vespre de fa molts anys, el 1956. Fixeu-vos que era al vespre, el moment en què els grans expliquen contes als petits perquè es prenguin el sopar o perquè s'adormin. Potser per això, des que era ben petita, em va agradar tant que me n'expliquessin, de contes, llegir-ne o fins i tot escriure'n. M'agradava molt anar a l'escola, aprendre coses noves... Les lletres em tornaven boja; els números, en canvi, em queien malament. I un dia, a l'hora de matemàtiques, em vaig trobar escrivint un conte. Aquella classe de matemàtiques va ser la més ràpida, la més divertida que havia viscut mai. Ara, els contes, ja els escric a casa, al poble de Vilobí d'Onyar, a la comarca de la Selva, on visc des del 1984 amb els meus dos fills bessons i deu gats: la Neu, la Trasto, la Nit, la Venus, la Crispeta, la Nina, en Bitxo...

Bernadette Cuxart

Vaig néixer l'any 1965. De petita m'agradava jugar, imaginar coses, mirar contes i fer dibuixos. En feia pertot arreu, fins i tot per les parets. Em vaig fer gran, però em continuava agradant el món dels infants i tot el que tenia relació amb l'expressió plàstica. Vaig estudiar magisteri i il·lustració i vaig treballar de mestra d'activitats extraescolars i d'esplai, en un estudi d'arts gràfiques...

Quan va néixer l'Andreu, el meu primer fill, vaig anar-me'n a viure al camp, a Sagàs, on treballo d'il·lustradora, la combinació perfecta de les coses que més m'agraden: crear, combinar colors... i els nens (perquè encara que no us veig, treballo per a vosaltres). L'Andreu té una germana: la Bernadette, la meva filla petita. Els agrada molt dibuixar i pintar i omplim molts papers. A la paret també ho han provat; ja sé que és divertit, però ara que sóc mamà, entenc que no està bé.